Steffi Baltes · Katja Hogh

Ich bin dein und du bist mein

Das Hohelied der Liebe
in Bildern und Betrachtungen

francke

Bibliografische Information Der Deutschen Bibliothek
Die Deutsche Bibliothek verzeichnet diese Publikation in der Deutschen Nationalbibliografie; detaillierte bibliografische Daten sind im Internet über http://dnb.ddb.de abrufbar.

3. Auflage 2017
ISBN 978-3-86827-077-8

35037 Marburg an der Lahn
Zeichnungen und Umschlaggestaltung: Eden Arts/Katja Hogh
www.edenarts.de
Texte: Steffi Baltes
Satz: Verlag der Francke-Buchhandlung GmbH
Printed in Poland

www.francke-buch.de

Für:

Von:

Einleitung

Das *Hohelied Salomos* ist ein wunderschönes und außergewöhnliches Buch der Bibel. Unzählige Generationen haben es mit Gewinn gelesen. Poetische und liebenswürdige Worte malen ein leuchtendes Bild vom großen Wert und Reichtum der Liebe zwischen Mann und Frau.

Doch das Hohelied hat noch mehr Facetten: Es bringt uns neu auf die Spur der größten Liebesgeschichte, die die Welt je erlebt hat – die Liebe Gottes zu uns, die in Jesus Christus Gestalt annimmt.

Deine Liebe

bringt mich zum Blühen.
Dein Licht scheint
und ich entfalte mich.
Langsam erst, dann mehr und mehr.
Ich strecke meine Arme nach dir aus.

Deine Strahlen,

sie erfassen mich.
Sie spielen mit mir,
tanzen im Reigen um mich herum.
Sie locken mich.
Und ich tanze mit.

JCH BIN EINE BLUME
IN SCHARON
UND EINE LILIE
JM TAL
Hoheslied 2,1

Du bist anders.

Unvergleichlich.
Wo nichts ist, das nährt,
schaffst du etwas, das bleibt. Und stärkt.

Was du sagst und tust
hat Hand und Fuß.
Du bist verlässlich.

WIE EIN APFELBAUM
UNTER DEN WILDEN
BÄUMEN
SO IST MEIN FREUND
UNTER DEN
JÜNGLINGEN
Hoheslied 2,3

Wertvoll, unendlich wertvoll

bist du für mich.
Ich liebe deine Nähe.

Wenn ich dich nicht sehe,
erinnert mich dein Duft an dich.
Und ich habe Sehnsucht.

Leise spreche ich deinen Namen aus.
Ich freue mich,
denn er malt mir dich vor Augen.

ES RIECHEN DEINE
SALBEN KÖSTLICH
DEIN NAME IST EINE
AUSGESCHÜTTETE
SALBE
DARUM LIEBEN
DICH DIE MÄDCHEN
Hoheslied 1,3

Du, du baust mir ein Haus

aus grünen Zweigen.
Du sorgst dich um mich.

Du, du machst mir ein Bett
aus wilden Blumen.
Du bist voller Phantasie.

Du, du hilfst mir,
mich in deiner Welt
zu Hause zu fühlen.

Deine Welt
ist meine Welt.

DIE BALKEN
UNSERER HÄUSER
SIND ZEDERN
UNSERE TÄFELUNG
ZYPRESSEN
Hoheslied 1 • 17

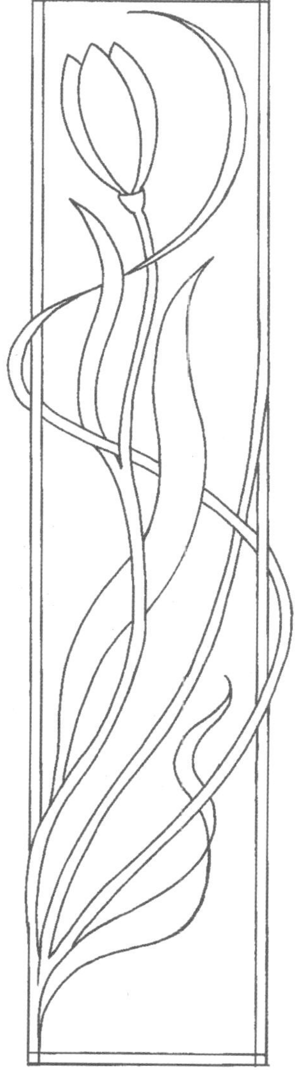

Ich schaue in deine Augen

und ich erkenne mich darin,
so wie du mich siehst.

Ich spüre deine Achtung.
Ich ahne die Größe deiner Liebe
zu mir.

Für dich bin ich wertvoll.

Das gibt mir Stärke
und Freiraum,
mich zu entfalten.

SIEHE MEINE FREUNDIN
DU BIST SCHÖN
SCHÖN BIST DU
DEINE AUGEN SIND
WIE TAUBENAUGEN
Hoheslied 1 • 15

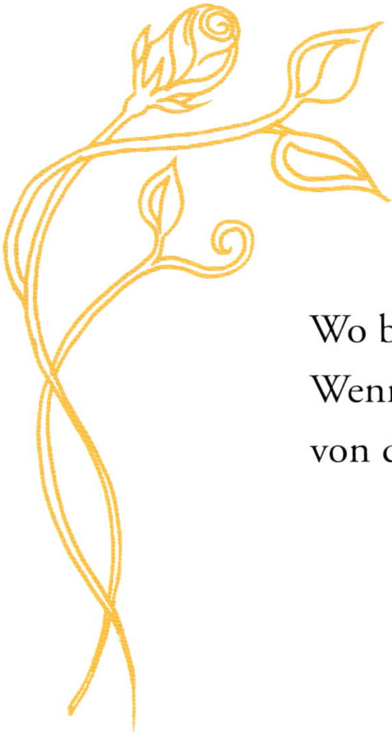

Ich suche dich.

Ich brauche dich.
Ich sehne mich nach dir.

Wo bist du, wo?
Wenn ich müde und erschöpft bin
von der Hitze meines Tages,

möchte ich bei dir
mich anlehnen,
mich bergen,
zur Ruhe kommen ...

in deiner Nähe.

SAGE MIR AN
DU DEN MEINE SEELE
LIEBT
WO DU WEIDEST
WO DU RUHST AM MITTAG
Hoheslied 1,7

So oft habe ich verletzt

mit scharfen Worten.

So oft war ich unnahbar,
habe mich geschützt.

So oft ließ ich niemanden
in meine Nähe.

Doch du machst mir Mut
zur Verwandlung.

Ich werfe meine Stacheln ab,
ich lasse Blüten wachsen,

die duften
für dich.

WIE EINE LILIE
UNTER DEN DORNEN
SO IST MEINE
FREUNDIN
UNTER DEN MÄDCHEN
Hoheslied 2,2

Ich bin hungrig

nach dir,

ohne dich
bin ich kraftlos und leer.

Du fehlst mir.
Komm, stärke mich!
Du machst mich satt
und glücklich.

Du erfüllst mich
mit Gutem.

Mit dir zusammen bin ich stark.
Mit dir zusammen erobere ich die Welt.

ER ERQUICKT MICH
MIT TRAUBENKUCHEN
UND LABT MICH
MIT ÄPFELN
DENN ICH
BIN KRANK
VOR LIEBE
Hoheslied 2,5

Du nimmst mich an der Hand

und reißt mich mit dir fort,
so schnell … so schnell.
Warte doch auf mich!
Es ist, als ob ich fliege.
Wohin läufst du nur mit mir?
Schemenhaft zuerst,
doch langsam klarer,
taucht dein Zuhause vor uns auf,
so wunderschön,
so neu für mich
und doch vertraut.
Hier, ja hier
bin ich am Ziel.

ZIEH MICH DIR NACH
SO WOLLEN WIR LAUFEN
Hoheslied 1.4

Angst hatte ich

vor deiner Nähe,
aber du kennst mich.

Behutsam
nimmst du mich in deine Arme.

Du hast Zeit,

und ich entspanne mich,
lasse es geschehen.

Glück streichelt meine Seele
wie warme Abendsonnenstrahlen.

SEINE LINKE LIEGT
UNTER MEINEM HAUPT
UND SEINE RECHTE
HERZT MICH
Hoheslied 2·6

Deine Nähe inspiriert mich.

Du zündest ein Licht
in meinem Herzen an.

Dein Kuss ist süß
und heilsam.

Du machst mich lebendig
und froh.

ER KÜSSE MICH
MIT DEM KUSSE
SEINES MUNDES
DENN SEINE LIEBE
IST LIEBLICHER
ALS WEIN
Hoheslied 1:2

Du füllst mir den Becher

überfließend mit gutem Wein.

Rot und würzig
verheißungsvoll

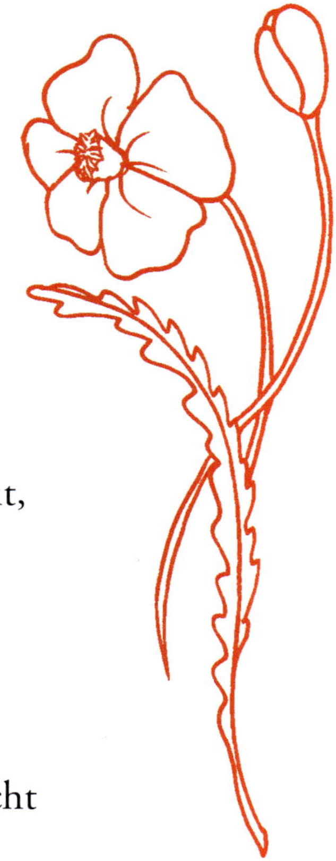

glitzert er
im Schein des Feuers.

Abbild deiner Liebe,
die mich von innen wärmt,

die sanft ist
und doch stark,

die mein Leben reich macht
und mich erfüllt.

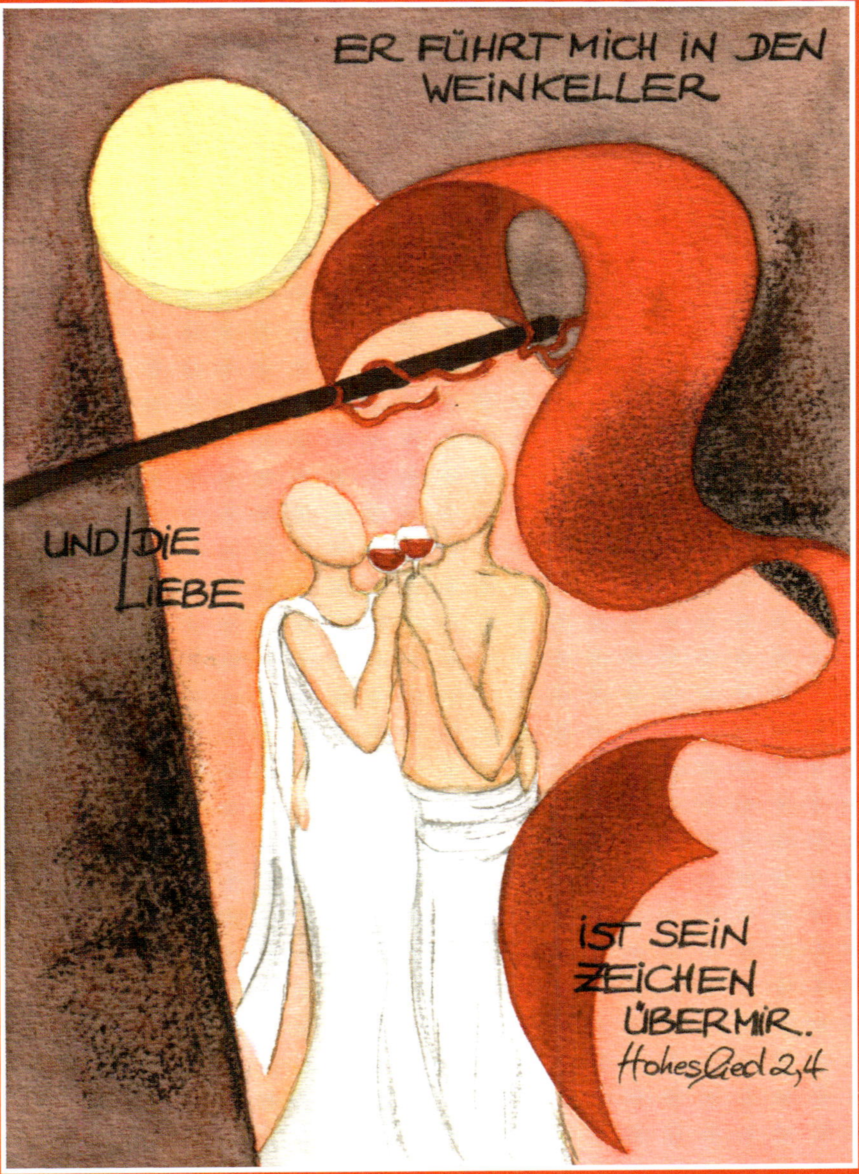
ER FÜHRT MICH IN DEN WEINKELLER
UND DIE LIEBE
IST SEIN ZEICHEN ÜBER MIR.
Hohes Lied 2,4

Manchmal vergrabe ich mich

in meinem Lebenshaus,

will nichts wissen von der Welt da draußen,
starre die Wände an und bin allein,
die Fenster meiner Seele sind vergittert.

Spärlich strömt das Licht herein,
ein grüner Zweig
sucht tastend
seinen Weg zu mir.
Ich sehe es nicht.

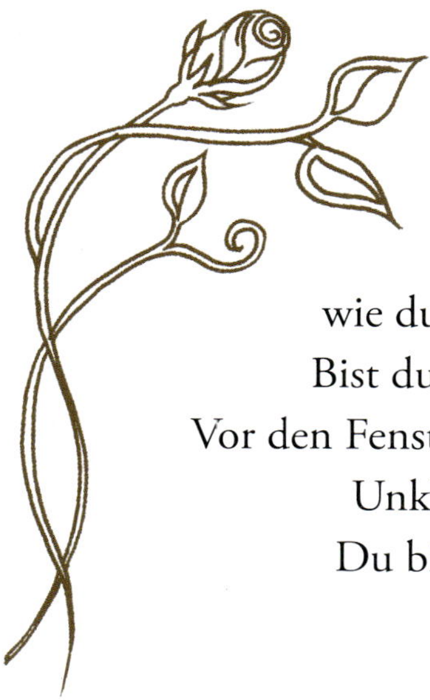

Eine Stimme dringt
wie durch dichten Nebel an mein Ohr.
Bist du es? Oder habe ich nur geträumt?
Vor den Fenstern meiner Seele wird es langsam heller.
Unklar erst, dann deutlich sehe ich:
Du bist da! Ich bin nicht mehr allein.

DA IST DIE STIMME
MEINES FREUNDES…
SIEHE ER STEHT
HINTER
UNSERER
WAND
UND SIEHT DURCHS
FENSTER …
Hoheslied 2

Die Tür geht auf

von meinem Lebenshaus,
aufgerissen wie von starker Hand.
Licht und Wärme strömen herein,
vertreiben den Winter meiner Seele.
Geblendet und verwirrt falle ich zu Boden.

Doch er ist da, mein Held,

er hebt mich auf
und richtet meinen Blick ins Weite.
Ich atme auf,
der Mandelbaum gibt seinen Duft,
die Bienen summen,
ich trete durch die Tür

und fange an zu leben.

STEH AUF
MEINE FREUNDIN
MEINE SCHÖNE
DENN SIEHE
DER WINTER
IST VERGANGEN
Hoheslied 2

Ich gehöre dir

und du schenkst dich mir.

Uns vereint die Liebe
ein Band – stärker als der Tod.

Ich will dir treu sein
bis in Ewigkeit.

MEIN FREUND
IST MEIN
UND ICH BIN SEIN
DER UNTER DEN
LILIEN WEIDET
Hoheslied 2,16

Du gibst mir Würde.

Du ehrst mich.
Bei dir darf ich stark sein
und herrlich.
Du freust dich,
wenn ich leuchte,
Licht für andere werde,
sie beschenke.

Tag und Nacht,
in guten und in schweren Zeiten,
darf ich das Leben anderer
hell machen
... durch dich.

Denn deine Liebe lässt mich strahlen.

WER IST SIE
DIE HERVORBRICHT WIE
DIE MORGENRÖTE
SCHÖN WIE
DER MOND
KLAR WIE DIE
SONNE...
Hoheslied 6,10a

Mein Geliebter ruft mich.

»Versteck dich nicht vor mir.
Lauf nicht fort!
Ich sehne mich nach dir!«

Ich verberge mich vor ihm.
Will seine Liebe prüfen.
Will ihn ein wenig necken.

Doch er ist zielstrebig.
Er weiß, was er will.
Er wirbt um mich.
Er gibt nie auf.

... ZEIGE MIR
DEINE GESTALT
LASS MICH HÖREN
DEINE STIMME
DENN DEINE
STIMME IST SÜSS
UND DEINE
GESTALT IST
LIEBLICH
Hoheslied 2,14b

Unsere Liebe ist einzigartig

unvergleichlich.

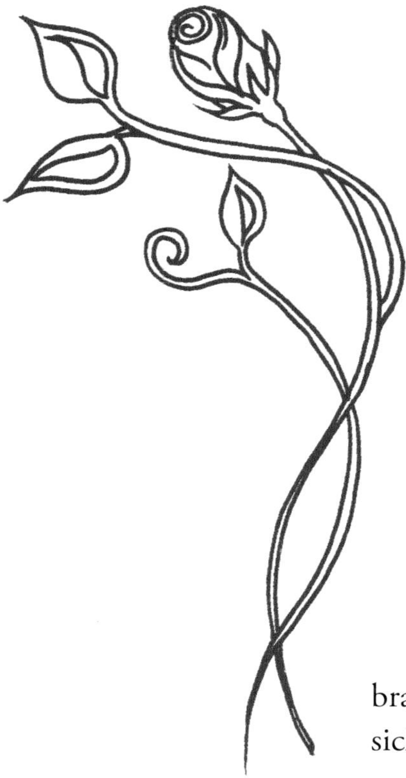

Sie braucht behütete Orte,
um zu keimen,

braucht Schutz,
um zu wachsen,

braucht Freiraum,
sich zu entfalten.

Unsere Liebe ist einzigartig,
unvergleichlich.

Sie braucht Offenheit,
auch andere wahrzunehmen.

braucht Freiheit,
sich anderen liebevoll zuzuwenden,

braucht Großzügigkeit,
andere zu segnen.

ICH BESCHWÖRE EUCH
IHR TÖCHTER
JERUSALEMS …
… DASS IHR DIE
LIEBE
NICHT AUFWECKT
UND NICHT STÖRT
BIS ES IHR SELBST GEFÄLLT
Hoheslied 2,7

Du nährst unsere Liebe,

lässt deine Gnade
regnen über uns.

Deine Strahlen
erfassen und
liebkosen uns.

Sie locken uns heraus,
heben uns empor
zu dir.

Wir öffnen uns,
denn dein Angesicht
strahlt und wärmt.

Du schaffst Neues,
du lässt uns wachsen
hin zueinander,
hin zu dir.

DIE BLUMEN
SIND AUFGEGANGEN
DER LENZ IST
HERBEIGEKOMMEN
Hoheslied 2,12

Wir sind zwei

und doch eins.

Du bist ein Teil von mir
und ich bin ein Teil von dir,
ganz nah an deinem Herzen.

Gemeinsam
sind wir stark
durch die Gnade Gottes.

In unserer Liebe
und unserer Zweisamkeit
schafft ER etwas Neues
zu seinem Lob.

Ein schwaches Abbild
der großen Leidenschaft,
die ER für seine Menschen hegt.

Durch uns
will ER die Welt
ein wenig heller machen.

LEGE MICH WIE EIN SIEGEL
AUF DEIN HERZ
WIE EIN SIEGEL AUF DEINEN ARM

Das Lied der Lieder

Das »Hohelied Salomos« ist ein wunderschönes und außergewöhnliches Buch. In poetischen, starken, phantasievollen und liebenswürdigen Bildern beschreibt es die Liebe zwischen Mann und Frau. Seit seiner Entstehung ist viel darum gerätselt worden. Manches bleibt geheimnisvoll:

Wer hat es verfasst? War es Salomo selbst, oder sind die Lieder ihm zu Ehren geschrieben worden? Warum ist im Hohenlied nur an einer einzigen Stelle von Gott die Rede? (8,6) Gehört es überhaupt in die Bibel? Was will uns das Hohelied sagen?

Wie das »Lied der Lieder« verstanden wurde

In der jüdischen Tradition ist das Hohelied sehr geschätzt und gewürdigt worden. Nicht umsonst wird es im Hebräischen das »Lied der Lieder«, Schir Haschirim, genannt.

Rabbi Akiba, einer der bedeutendsten jüdischen Lehrer aller Zeiten (ca. 55–135 n. Chr.), verteidigte das Hohelied gegen kritische Anfragen, ob es für den Gläubigen wirklich von Wert sei. Er meinte, dass der Wert der ganzen Welt den Tag nicht aufwiegen könne, an dem diese heiligste der Schriften dem Volk Israel geschenkt worden sei.

Im Judentum wurde das Hohelied bald so verstanden, dass es die Liebe Gottes zu seinem Volk Israel widerspiegelt.

Noch heute wird das Hohelied an jedem Passahfest gelesen. Es erinnert den jüdischen Gläubigen an die große Liebesgeschichte zwischen Gott und Mensch, daran, wie Gott seine Liebe zum Volk Israel unter Beweis stellte, als er es aus Ägypten herausführte. Diese Liebe beruht auf Gegenseitigkeit. Im Hohenlied erkennt der jüdische Gläubige seine eigene Sehnsucht nach Einheit und vollkommener Liebe, die letztlich nur durch Gott gestillt werden kann.

So, wie der Liebende mit großen Schritten über die Hügel und Berge der Geliebten entgegenläuft (2,8), so überwindet Gottes Liebe alle Hindernisse, um zum Menschen zu gelangen.

Auch die Christen hielten das Lied der Lieder schon früh in Ehren. Sie deuteten es, ähnlich wie ihre jüdischen Geschwister, als einen Hinweis auf die Liebe Gottes zu uns. Sie sahen im Hohenlied aber auch ein Bild für die Liebesbeziehung zwischen Christus, dem Bräutigam, und den Gläubigen, seiner Braut.

Der große Kirchenvater Ambrosius von Mailand (340–397 n. Chr.) sah im Hohenlied Salomos die Liebe der Seele zu Gott beschrieben, die sich nach seinem Wohlgeruch sehnt und sich in seine Gegenwart gezogen fühlt.

Bernhard von Clairvaux (1090–1153 n. Chr.), Leiter und Reformer des Zisterzienserordens im 12. Jahrhundert, verweist in seinem Kommentar zum Hohenlied darauf, wie sehr sich die Seele nach der Berührung und Vereinigung mit Gott sehnt, so wie zwei Liebende einander begehren.

Die Mystikerin Teresa von Ávila (1515–1582 n. Chr.), die dem Karmelitenorden angehörte, fand in den Liebesliedern des Hohenliedes ihre eigene Sehnsucht nach totaler Hingabe und einem Sich-in-Gott-vergessen beschrieben.

»Mein Freund ist mein und ich bin sein,
der unter den Lilien weidet.« (Hoheslied 2,16)

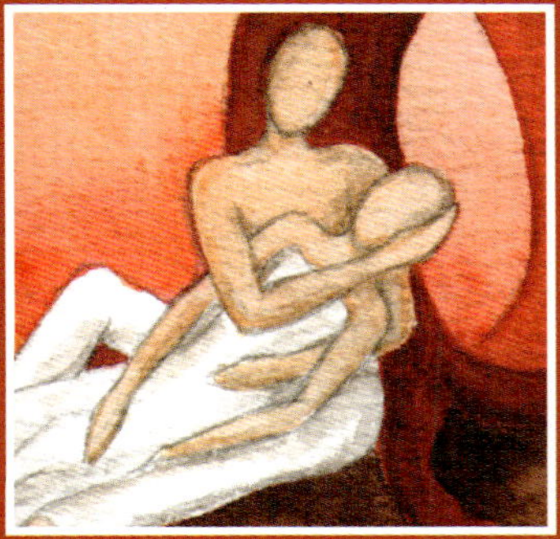

Die Liebenden, Bräutigam und Braut – ein Bild für Gottes Liebe zu uns?

Die Bibel selbst malt uns an vielen Stellen das Bild von Bräutigam und Braut vor Augen, wo es um die Liebe zwischen Gott und seinen Menschen, zwischen Christus und seiner Gemeinde geht:

»Ich freue mich im HERRN,
und meine Seele ist fröhlich in meinem Gott,
denn er hat mir die Kleider des Heils angezogen
und mich mit dem Mantel der Gerechtigkeit gekleidet,
wie einen Bräutigam mit priesterlichem Kopfschmuck geziert
und wie eine Braut, die in ihrem Geschmeide prangt.«

(JESAJA 61,10)

»Ich will mich mit dir verloben für alle Ewigkeit,
ich will mich mit dir verloben in Gerechtigkeit und Recht,
in Gnade und Barmherzigkeit.
Ja, in Treue will ich mich mit dir verloben
und du wirst den HERRN erkennen.«

(HOSEA 2,21f.)

»Jesus antwortete ihnen:
Wie können die Hochzeitsgäste Leid tragen,
solange der Bräutigam bei ihnen ist?
Es wird aber die Zeit kommen,
dass der Bräutigam von ihnen genommen wird;
dann werden sie fasten.«
(MATTHÄUS 9,15)

»Und ich sah die heilige Stadt,
das neue Jerusalem,
von Gott aus dem Himmel herabkommen,
bereitet wie eine geschmückte Braut für ihren Mann.«
(OFFENBARUNG 21,2)

»Und der Geist und die Braut sprechen:
Komm! Und wer es hört, der spreche: Komm!
Und wen dürstet, der komme; und wer da will,
der nehme das Wasser des Lebens umsonst.«
(OFFENBARUNG 22,17)

Das Hohelied –
zeitlose und zeitgemäße Botschaft an uns

Das Hohelied Salomos, das Lied der Lieder, ist vielschichtig und voller Überraschungen, so wie die Geschichte seiner Auslegung zu allen Zeiten.

Ob man es nun als eine Sammlung von Liebesliedern betrachtet, ob man darin die Geschichte von Sulamith (7,1) und ihrem Bräutigam erkennt oder ob der Leser in diesen poetischen Versen die eigene tiefe Sehnsucht nach Christus entdeckt ... was kann uns das Hohelied lehren?

Lob der Liebe zwischen Mann und Frau

Das Hohelied macht die Liebe, auch die körperliche Liebe, zwischen Mann und Frau mit großer Selbstverständlichkeit zum Thema:

»Seine Linke liegt unter meinem Haupte,
und seine Rechte herzt mich.« (2,6)

Die ganzheitliche Liebe, die Körper, Geist und Seele des Geliebten umfasst, ist ein kraftvolles Band zwischen zwei Menschen. Gott selbst hat es so gewollt:

»Denn Liebe ist stark wie der Tod
und Leidenschaft unwiderstehlich wie das Totenreich. Ihre Glut ist feurig und eine Flamme des HERRN.« (8,6)

Für die Liebenden, die hier sprechen, ist es selbstverständlich: Der Herr schenkt die sexuelle Anziehungskraft zwischen Mann und Frau. Sie hilft dabei, zwei Menschen auf Dauer zu verbinden.

Zusammengehören

Jeder Mensch sehnt sich nach dem Gefühl der Zugehörigkeit, nach anderen Menschen, denen er etwas bedeutet. Jeder sehnt sich nach Annahme und einem Zuhause. Im letzten ist es das, was unsere Welt zusammenhält. Die Liebenden im Hohenlied haben zunächst nur Augen füreinander. Sie finden eine Heimat, Frieden und Kraft in der Nähe des anderen. Ihre Liebe ist einzigartig und exklusiv:

»Mein Freund ist mein und ich bin sein,
der unter den Lilien weidet.« (2,16)

»Meine Schwester, liebe Braut,
du bist ein verschlossener Garten,
eine verschlossene Quelle, ein
versiegelter Born.« (4,12)

So, wie die Liebenden einander kennen, kennt sie kein anderer Mensch. Das, was sie miteinander im körperlichen und seelischen Bereich teilen, teilen sie mit niemand sonst. Das ist gut so. Das Geschenk der ganzheitlichen Liebe zwischen zwei Menschen darf und soll exklusiv und dauerhaft sein:

»Meinem Freund gehöre ich
und nach mir steht sein Verlangen.« (7,11)

Würde und Respekt

Die Liebenden sprechen voneinander mit Achtung. Sie geben dem anderen Ehre und tasten seine Würde nicht an. Der Mann beschreibt seine Geliebte mit großem Respekt und Bewunderung:

»Wer ist sie, die hervorbricht wie die Morgenröte, schön wie der Mond, klar wie die Sonne, gewaltig wie ein Heer?«
(6,10)

Die Frau preist die Vorzüge ihres Geliebten:

»Wie ein Apfelbaum unter den wilden Bäumen, so ist mein Freund unter den Jünglingen.« (2,3)

»Mein Freund ist weiß und rot, auserkoren unter vielen Tausenden.«
(5,10)

Jeder sieht den anderen als das Wunder, das er ist: unvergleichlich mit seinen körperlichen und charakterlichen Eigenschaften, geheimnisvoll, nicht begreifbar. Die Liebenden des Hohenliedes wissen, dass der andere »anders« ist. Sie achten einander in ihrer Unterschiedlichkeit. Gerade das macht ihre Beziehung reich. Sie wollen den anderen nicht bis ins Letzte hinein verstehen und damit kontrollieren. Es ist Raum für das Geheimnisvolle, Wunderbare am geliebten Menschen. Der andere wird nicht herabgewürdigt, um ihn klein zu machen. Er darf, ja er soll groß sein.

Schönheit

In den Zeilen des Hohenliedes findet sich viel Bewunderung für die körperliche Schönheit des anderen, die vom Liebenden natürlich ganz subjektiv empfunden wird. Der Mann bewundert seine Geliebte bis ins kleinste Detail:

»Siehe, meine Freundin,
du bist schön; schön bist du,
deine Augen sind wie Taubenaugen.«
(1,16)

Die Frau beschreibt ihren Geliebten mit ausdrucksstarken Worten:

»Seine Wangen sind wie Balsambeete,
in denen Gewürzkräuter wachsen.
Seine Lippen sind wie Lilien,
die von fließender Myrrhe triefen.« (5,13)

Im Lob des anderen findet der geliebte Mensch Sicherheit und Selbstbewusstsein. So kann die Frau von sich sagen:

»Ich bin eine Blume in Scharon
und eine Lilie im Tal.« (2,1)

Selbstlosigkeit

Die Liebe macht uns zu Menschen, die nicht nur um sich selbst kreisen. Sie verleiht uns die Fähigkeit, aus uns herauszukommen, offen und verwundbar zu werden, dem anderen entgegenzugehen. Die Liebenden des Hohenliedes lehren uns, wie schön und erstrebenswert, wie lohnend es sein kann, zuerst darum besorgt zu sein, dass es dem anderen gut geht.

»Du hast mir das Herz genommen,
meine Schwester, liebe Braut,
du hast mir das Herz genommen
mit einem einzigen Blick deiner Augen,
mit einer einzigen Kette an deinem Hals.
Wie schön ist deine Liebe,
meine Schwester, liebe Braut!« (4,9f)

Gott hat uns die Liebe geschenkt, damit wir nicht bei uns selbst bleiben, sondern dem anderen die Hand entgegenstrecken. Selbstlosigkeit, geboren aus Liebe, ist die Grundlage von gelingenden menschlichen Beziehungen und letztlich die Basis unserer Gesellschaft. Wo Menschen nicht mehr gelernt haben zu lieben und selbstlos zu empfinden und zu handeln, wird ihr Leben und das der anderen ärmer und kränker. Gott ist der Schöpfer und Meister der Liebe. In Jesus Christus und seinem selbstlosen Leben und Sterben hat Gott uns sein Herz gezeigt. Nur er kann uns die Fähigkeit schenken, wirklich zu lieben – uns selbst, unseren Schöpfer und unsere Mitmenschen.

Stärke und die Fähigkeit, Nähe zuzulassen

Die Frau und der Mann, die uns in den Zeilen des Hohenliedes begegnen, sind sehr starke Persönlichkeiten.

Besonders die Geliebte, nennen wir sie »Sulamith« (7,1), wirkt erstaunlich stolz und selbstbewusst – durchaus nicht selbstverständlich für eine Frau im Alten Orient:

»Ich bin braun, aber gar lieblich,
ihr Töchter Jerusalems,
wie die Zelte Kedars,
wie die Teppiche Salomos.
Seht mich nicht an,
dass ich so braun bin;
denn die Sonne hat mich so verbrannt.« (1,5f)

Sie weiß, wer sie ist und wer sie nicht ist. Sie ist in einem gesunden Maß stolz auf sich, sie ist versöhnt mit ihrer Identität. Sie ist vielleicht nicht so hellhäutig und vornehm wie die reichen Frauen Jerusalems ... sie musste in ihrem Leben schon viel in den Weingärten ihrer Familie arbeiten und ist deshalb von der Sonne »verbrannt« ... aber sie ist zufrieden mit dem, was sie ist. Eine bewundernswerte Einstellung.

Der Geliebte, wahrscheinlich ein einfacher Hirte, definiert seine Identität nicht durch Wohlstand und Erfolg, sondern über menschliche Beziehungen: König Salomo mit seinen zahllosen Weingärten und Pächtern ist der reichste Mann in seinem Umfeld – aber er, der scheinbar arme Hirte, ist unermesslich reich durch die Liebe seiner Braut, seines kostbaren und einzigartigen »Weinbergs«:

»Salomo hat einen Weinberg in Baal-Hamon. Er gab den Weinberg den Wächtern, dass jeder für seine Früchte brächte tausend Silberstücke. Mein Weinberg gehört mir.« (8,11f.)

Zu der inneren Stärke, die die Frau und der Mann des Hohenliedes auszeichnet, gehört auch die Fähigkeit, »schwach« sein zu können, sich hinzugeben, Nähe zuzulassen:

Die Frau ist bereit, ihre Selbstschutzmechanismen aufzugeben und sich auf den Geliebten einzulassen:

»Zieh mich dir nach, so wollen wir laufen.« (1,4)

»Er erquickt mich mit Traubenkuchen
und labt mich mit Äpfeln;
denn ich bin krank vor Liebe.« (2,5)

Genauso ist der Mann fähig, sich hinzugeben und seine Angst vor Nähe zu verlieren:

»Das Haar auf deinem Haupt ist wie Purpur; ein König liegt in deinen Locken gefangen.« (7,6)

»Tu mir auf, liebe Freundin, meine Schwester, meine Taube, meine Reine!« (5,2)

Wer schwach sein kann, wer dem geliebten Menschen sein Herz öffnet und einen Blick in die eigene Seele gewährt, der ist wahrhaft stark.

Gemeinsamkeit und Einsamkeit

Die Liebenden genießen ihre Zweisamkeit von Herzen, ohne Schuldgefühle. Sie freuen sich an der Zeit, die sie miteinander verbringen können. Sie ist ein großes Privileg. Aber immer wieder folgen auf Zeiten der »Gemeinsamkeit« auch Phasen der »Einsamkeit«. Jeder kann auch ohne den anderen existieren. Die Sehnsucht nach dem anderen ist da, und das ist gut so – umso schöner wird es sein, wenn man den geliebten Menschen wiedersieht. Zeiten der Trennung gehören zu einer dauerhaften, liebevollen Beziehung so natürlich hinzu wie das Ein- und Ausatmen.

Man selbst und der geliebte Mensch bleibt ein Individuum. Die Liebe und das eigene Leben sind nicht nur auf den Partner ausgerichtet:

Gott fordert unsere Liebe vor aller anderen menschlichen Liebe. Und es gibt noch andere, die von unserer Zuwendung leben und profitieren wollen: Familie, Freunde, Nachbarn, Fremde ...

Wir dürfen vom Geliebten nicht in ungesunder Weise abhängig sein. Wir dürfen und sollen aber in gegenseitiger Abhängigkeit und Unabhängigkeit leben.

»Des Nachts auf meinem Lager suchte ich,
den meine Seele liebt.
Ich suchte; aber ich fand ihn nicht.« (3,1)

»Aber als ich meinem Freund aufgetan hatte,
war er weg und fortgegangen.
Meine Seele war außer sich,
dass er sich abgewandt hatte.
Ich suchte ihn, aber ich fand ihn nicht;
ich rief, aber er antwortete mir nicht.« (5,6)

»Flieh, mein Freund! ...« (8,14)

Einheit von Körper und Seele

Der Körper, der Geist und das Herz bzw. die Seele des Menschen sind untrennbar miteinander verbunden. Was unserem Körper widerfährt, beeinflusst unseren Geist und unsere Seele. Was in unseren Gedanken und in unserem Herzen vorgeht, hat Auswirkungen bis in den körperlichen Bereich hinein. So sind Sexualität, Identität und Spiritualität untrennbar miteinander verbunden. Die Liebe, auch die körperliche Liebe, hat eine identitätsstiftende und eine geistliche Dimension, denn sie ist ein Geschenk unseres Schöpfers.

»Lege mich wie ein Siegel auf dein Herz, wie ein Siegel auf deinen Arm. Denn Liebe ist stark wie der Tod und Leidenschaft unwiderstehlich wie das Totenreich. Ihre Glut ist feurig und eine Flamme des HERRN, sodass auch viele Wasser die Liebe nicht auslöschen und Ströme sie nicht ertränken können.« (8,6f.)

Siegel galten im Alten Orient als »Personalausweis«, sie gaben die Identität dessen preis, der sie als Kette um den Hals oder als Ring an der Hand trug.

Die Frau bittet ihren Geliebten darum, ein Teil seiner Identität werden zu können, nahe an seinem Herzen – so wie ein Siegel um den Hals getragen wurde. Damit wird ihre Liebe zueinander und ihre Zusammengehörigkeit öffentlich, für alle sichtbar. Jeder soll wissen: Diese Frau und dieser Mann gehören zusammen.

»Zieh mich dir nach,
so wollen wir laufen.« (Hoheslied 1,4)

Einheit von Mensch und Natur

Die Menschen, die im Hohenlied zu Wort kommen, sind ganz selbstverständlich mit ihrer natürlichen Lebenswelt verbunden. Sie sind zu Hause in der Natur und gleichzeitig abhängig von ihr. Die Schöpfung liefert ihnen den Hintergrund, vor dem sie ihr eigenes Leben verstehen und einordnen können. Die Schöpfung liefert ihnen auch die Bilder, mit denen sie ihr Leben, ihre Beziehung, ihre Liebe und einander beschreiben.

»Die Balken unserer Häuser sind Zedern, unsere Täfelung Zypressen.« (1,17)

»Wie eine Lilie unter den Dornen, so ist meine Freundin unter den Mädchen.« (2,2)

»Mein Freund gleicht einer Gazelle oder einem jungen Hirsch.« (2,9a)

Die Liebenden des Hohenliedes sind mit der Natur um sich herum vertraut, nicht entfremdet wie wir Menschen des 21. Jahrhunders. Sie achten, respektieren und lieben Gottes bunte Schöpfung. Sie haben sie sich bis zu einem gewissen Grad vertraut gemacht und sind mit ihr verbunden. Die Natur ist nicht Fremder oder Feind, sondern ein Vertrauter und ein Freund. Wenn man sich ein wenig in ihr auskennt, dann bietet sie Schutzräume, in denen sich das menschliche Leben und Lieben entfalten kann:

»Komm, mein Freund, lass uns aufs Feld hinausgehen und unter Zypernblumen die Nacht verbringen, dass wir früh aufbrechen zu den Weinbergen und sehen, ob der Weinstock sprosst und seine Blüten aufgehen, ob die Granatbäume blühen. Da will ich dir meine Liebe schenken.« (6,12f)

Der Mensch ist schön. So schön wie die Natur. Beide hat Gott geschaffen.

Auch wenn Gott eigentlich nie direkt erwähnt wird, so spricht die Liebe zum Schöpfer und seiner Schöpfung doch aus jeder Zeile des Hohenliedes. Die Liebe zum Schöpfer verändert den Menschen. Er gewinnt Respekt gegenüber seinen Mitgeschöpfen – Menschen, Tieren, Pflanzen, Bergen und Gewässern.

Gott hat uns die Natur zum Zuhause gegeben. Wir müssen wieder lernen, uns darin wohl zu fühlen und sie mit Wertschätzung zu behandeln. Dann wird sie uns, wie den Liebenden des Hohenliedes, ihre Geheimnisse zeigen, die unser Herz fröhlich machen und unser Leben und Lieben bereichern.

Die Macht der Liebe – Gottes Geschenk an uns

Das Hohelied ist, zusammen mit den anderen Büchern der Bibel, ein Leitfaden für ein gottgemäßes, menschenwürdiges, erfülltes Leben. Ein Leben, das weise und liebevoll mit dem Mitmenschen und den Mitgeschöpfen umgeht. Es zeigt uns, dass wir dazu geschaffen sind, uns aneinander und an der Natur zu erfreuen. Wir dürfen und sollen lieben und glücklich sein. Wir dürfen das Leben und den anderen genießen.

Das Hohelied lehrt uns aber auch, dass wir für das, was wir uns vertraut gemacht haben, Verantwortung übernehmen:

»Lege mich wie ein Siegel auf dein Herz,
wie ein Siegel auf deinen Arm.
Denn Liebe ist stark wie der Tod
und Leidenschaft unwiderstehlich wie
das Totenreich. Ihre Glut ist feurig
und eine Flamme des HERRN,
sodass auch viele Wasser
die Liebe nicht auslöschen
und Ströme sie nicht ertränken können.
Wenn einer alles Gut in seinem Hause
um die Liebe geben wollte,
so könnte das alles nicht genügen.« (8,6f)

Das sind kraftvolle Worte. Die Liebenden des Hohenliedes wissen: Ihre Liebe ist mehr als eine Romanze. Die Liebe als das machtvollste Geschenk Gottes ist zu kostbar, um damit herumzuspielen. Die Liebe meint es ernst. Sie ist nicht wie das Strohfeuer, das schnell entfacht ist und sich schnell verzehrt. Die Liebe ist wie die langanhaltende Glut eines intensiven Feuers. Sie umfasst das ganze Leben und die ganze Person. Gott hat sie dazu bestimmt, zwei Menschen auf Dauer miteinander zu verbinden. Durch Gottes Kraft können die Liebe und die Leidenschaft so stark werden, dass sie allen Widerständen des Lebens trotzen.

Ein Gedanke zum Schluss

Ich finde es wundervoll, dass das Hohelied vor langer Zeit seinen Weg in die Schriften der Bibel gefunden hat. Seitdem ist es von unzähligen Generationen gelesen worden. Sie alle, so wie wir heute, haben in seinen Zeilen etwas von der unbändigen Lebensfreude und der Dynamik gespürt, die ein von Liebe erfülltes Leben schenkt.

Unser Gott, der Gott des Alten und Neuen Testamentes, ist ein Gott der Liebe.

Er ist so groß, dass er das Universum in seinen Händen hält.

Und er ist so erdverbunden, dass er sich über Menschen freut, die sich von Herzen lieben.

Dass das Hohelied in den Kanon der Bibel aufgenommen wurde, zeigt uns, dass die »Altvorderen« noch wussten, was wir heute manchmal vergessen: Gott hat Humor. Er liebt Natürlichkeit und Echtheit.

Da, wo wir vielleicht erstaunt und ein wenig beschämt die Augenbrauen heben, wenn wir die unverblümte Liebeslyrik des Hohenliedes lesen, freut er sich – so stelle ich es mir vor.

Er hat Mann und Frau geschaffen mit allem, was die Geschlechter aneinander so anziehend finden.

Und er hat es sich wirklich genial ausgedacht.

Das Hohelied kann uns erfreuen als eine Sammlung von Liebesliedern.

Und als Christen kann es uns wieder

neu auf die Spur der größten Liebesgeschichte bringen, die die Welt je erlebt hat: Die Leidenschaft und Liebe, zu der wir Menschen fähig sind, ist nur ein schwacher Abglanz dessen, wie sehr Gott uns begehrt und ersehnt.

Sein leidenschaftlichster Liebesbeweis ist uns in Jesus Christus begegnet. Er ist das Siegel Gottes, nah an Gottes Herzen, mit allen Merkmalen der göttlichen Identität.

Seine Leidenschaft für uns war so glühend und stark, dass Tod und Teufel ihm nicht widerstehen konnten.

Seine Liebe zu uns war bereit, bis ans Äußerste zu gehen, das größte Opfer zu bringen, um uns in Gottes Nähe zurückzuholen. Durch den Tod Christi am Kreuz und seine Auferstehung ist uns eine Liebe begegnet, die stärker ist als der Tod. Sie sucht uns, will uns mit unserer ganzen Person und Identität ergreifen.

Sie gibt uns Würde und Stärke.

Sie ist selbstlos und befähigt uns, mehr und mehr selbstlos zu lieben.

Sie hat nur das eine Ziel: uns nach Hause zu bringen, dorthin, wo wir hingehören – in die liebevolle Umarmung des himmlischen Königs.

»Zieh mich dir nach, so wollen wir laufen. Der König führte mich in seine Kammern.« (1,4a)

Die Autorin:

Steffi Baltes ist Pfarrerin. Sechs Jahre lang leitete sie ein Gästehaus in Jerusalem und begleitete mit ihrem Mann christliche Reisegruppen durchs Heilige Land. Heute lebt sie in Marburg und arbeitet im Verlag der Francke-Buchhandlung sowie im Christus-Treff.

Die Illustratorin:

Katja Hogh hat sich 2001 als freischaffende Künstlerin mit der Werkstatt Eden Arts selbständig gemacht. Sie ist verheiratet und lebt mit ihrem Mann in Nürnberg.
Mehr unter: www.edenarts.de

Weitere Geschenkbücher von Steffi Baltes & Katja Hogh

Steffi Baltes / Katja Hogh (Illustr.)
Bei dir darf ich bleiben
Psalm 23 in Bildern und Betrachtungen
ISBN 978-3-86827-200-0
64 Seiten, gebunden

Psalm 23 ist einer der bekanntesten und beliebtesten Psalmen der Bibel. Geschrieben von einem König, der einst ein Hirtenjunge war. Er ist Davids Liebeserklärung an Gott und Ausdruck seines großen Vertrauens zu ihm. Zugleich ist er eine Reise durch das Leben, unser aller Leben. Mit seinen Höhen und Tiefen, Freuden und Herausforderungen. Ob unser Weg durch dürre Täler oder über fruchtbare Wiesen führt – der »große Hirte der Schafe« geht uns voran. Er lädt uns ein, bei ihm zur Ruhe zu kommen.

Die einfühlsamen und außergewöhnlichen Bilder der Künstlerin Katja Hogh und die meditativen Texte von Steffi Baltes unterstreichen die wunderbaren Worte Davids auf einzigartige Weise. Sie helfen, den Psalm vom Guten Hirten neu für sich zu entdecken. Mit einer Einführung in die Welt von Psalm 23.

Das Hohelied der Liebe

Steffi Baltes / Katja Hogh (Illustr.)
Niemals hört die Liebe auf
1. Korinther 13 in Bildern und Betrachtungen
ISBN 978-3-86827-346-5
48 Seiten, gebunden

Das Hohelied der Liebe (1. Korinther 13) ist weltberühmt. Es gehört zu den großartigsten und tiefsten Texten, die Paulus jemals geschrieben hat. Seine Schönheit und Weisheit wird nicht nur von Christen geschätzt.

Wir alle brauchen die Liebe als Grundlage unseres Lebens – unseres Denkens, Redens und Handelns. Und wunderbarerweise befähigt uns Gott zu einer Liebe, die echt, die kraftvoll, verändernd und heilsam ist.
Was diese Liebe in unserem Leben und im Leben unserer Mitmenschen bewirkt, was sie aushält und zu welchem Ziel sie uns führt, dem spüren Steffi Baltes und Katja Hogh in diesem Buch mit Worten und Farben, mit Andachten und Malereien nach.

Die Boten Gottes

Steffi Baltes / Katja Hogh (Illustr.)
Wenn Gott seine Engel schickt
ISBN 978-3-86827-273-4
46 Seiten, gebunden

Engel sind faszinierende Wesen, die in vielen Erzählungen der Bibel eine besondere Rolle spielen. In den Engeln kommt Gottes Wirklichkeit hinein in unsere Welt. Sie begegnen Menschen und Tieren als Boten Gottes. Und manchmal scheint es sogar, als zeige sich in ihnen Gott selbst in sichtbarer Gestalt. Was sagen sie uns über Gottes Welt, über sein Wesen und seinen Weg mit uns und seiner ganzen Schöpfung?

Dieser Frage geht »Wenn Gott seine Engel schickt« in aussagekräftigen Bildern und Texten nach. Fünf Engelgeschichten aus dem Alten Testament und fünf Geschichten aus dem Neuen Testament erzählen von Gottes Heiligkeit und Stärke, von seinen Wundern und seiner Fürsorge, von seiner Führung und seinem Auftrag für uns.